AF243067

# LES
# KROUMIRS

PAR

## UN MENDOIS RÉPUBLICAIN

~~~~~~~~~~~~~~~~~~~~~~~~~

PRIX : 0,20 centimes.

FRANCO : 0,25 centimes.

## CONDITIONS EXCEPTIONNELLES POUR LA PROPAGANDE

| | | |
|---|---|---|
| 20 exemplaires | — | 3ʳ 50 |
| 40 | — | 6 50 |
| 50 | — | 8 50 |
| 100 | — | 15 |

~~~~~~~~~~~~~~~~~~~~~~~~~

## MENDE

IMERIE TYPOGRAPHIQUE DE C. PRIVAT
5, Rue Basse, 5

# LES KROUMIRS

PAR

UN MENDOIS RÉPUBLICAIN.

---

Au LECTEUR :

Sont-ils en Afrique ?

Qui ? me direz-vous, les Kroumirs ?

Et sans doute, ils sont en Afrique, et nos soldats le savent bien, eux qui ont cette canaille sur les bras.

Eh bien, moi je suis d'un avis contraire. Je prétends que les Kroumirs ne sont pas en Afrique. Les Kroumirs, les vrais, les méchants Kroumirs, ceux que nous avons à craindre, ceux qui combattent, non pas contre quelques soldats, mais contre la France tout entière, ceux qui voudraient la détruire en la démoralisant, ceux-là sont en France.

Et si le mot de Kroumir est devenu, depuis quelques jours, synonyme de cruauté, ce n'est pas tant aux quelques sauvages qui occupent en ce moment 20,000 de nos soldats dans le territoire de Tunis, qu'aux misérables qui sucent le sang de la France, au cœur même de la France, qu'il doit être donné.

Oui, les Kroumirs sont en France, ils travaillent depuis longtemps notre malheureuse patrie, ils voudraient la voir agoniser entre leurs mains, et, avec leurs grands mots sonores de liberté, d'égalité, de fraternité, vides de sens pour tout autre que pour eux, ils font croire à plus d'un pauvre Français, à plus d'un pauvre Lozérien qu'ils abusent, qu'ils veulent le bonheur de la France, alors qu'ils s'attaquent avec une rage infernale à ses institutions les plus sacrées.

Oui, ils sont en France les Kroumirs, ils sont près de nous, ils sont à nos portes, dans nos maisons ; ils veulent tout voir, tout faire, ils veulent être les maîtres de tout.

Y arriveront-ils, ces fils de 93 ?

Ils le croient, du moins, ils s'en flattent, et, contents d'un passé qui semble leur répondre de l'avenir, ils pensent être non-seulement redoutables, mais encore invincibles.

Le sont-ils ? C'est ce que nous allons voir rapidement.

## I

### Sont-ils redoutables ?

Oui, car ils ont la haine de tout ce qui est bon, de tout ce qui est grand, de tout ce qui est sacré.

Oui, car ils ont la rage dans l'âme, et la haine et la rage sont redoutables.

Oui, ils sont redoutables, ils nous l'ont bien prouvé, ils nous le prouvent tous les jours.

Voyez ce qu'ils ont fait, jetez un regard sur le passé plus ignoble encore et plus déshonorant que terrible et désastreux. Reportez votre regard sur ces journées célèbres dans le parti sanglant, sur ces journées de deuil plus malheureuses pour la France que les désastres de 70.

Souvenez-vous de leurs attaques contre l'armée, contre la magistrature, contre la famille, contre la religion catholique, contre la liberté de conscience, contre ce qu'il y a de plus précieux, de plus sacré en France et au monde, c'est-à-dire contre l'enfant.

Et d'abord, que n'ont-ils pas fait contre l'armée, si glorieuse autrefois sous le drapeau de la religion et de la vraie liberté ?

Ils ont vu des conspirateurs, des traîtres dans les chefs de nos soldats, soupçonnés de peu de sympathie pour leur ignoble politique, et ils n'ont pas hésité à les sacrifier à leur haine révolutionnaire, au risque de désorganiser l'armée, de la livrer à des parvenus incapables de tout, excepté de haïr et de persécuter la religion.

Ils ont vu, dans les aumôniers militaires, de vrais conspirateurs contre la liberté de conscience de nos soldats; et pour sauvegarder cette liberté, ils n'ont pas compris qu'ils la supprimaient, ou plutôt, ils n'ont pas hésité à la supprimer, car, voilà bien leur but : détruire chez les autres la liberté qu'ils veulent pour eux ; et ces prêtres, dévoués au soldat, estimés du soldat, ces prêtres qu'on a vus braver la mort sur les champs de bataille de 70, et prodiguer, au milieu de la mitraille ou dans les hôpitaux, leurs charitables soins à nos pauvres blessés, à nos pauvres mourants, ces prêtres ont dû s'éloigner de nos garnisons.

Ils sont partis, pères catholiques de la Lozère, et maintenant, envoyez vos enfants sous les drapeaux.

Après cinq ans, vous les verrez revenir, portant peut-être la mort dans leur âme et dans leur corps, parce qu'ils n'auront pas eu, dans le séjour infect de la caserne, un ami véritable, sincère et dévoué, capable de les éloigner des sordides maisons où ils auront laissé leur honneur, leur santé et leur avenir !

La caserne est assez connue, ce qu'on y dit, ce qu'on y apprend soulève le cœur à plus d'un de nos jeunes volontaires, et démontre assez combien sont indispensables les aumôniers et le mal qu'on a fait au soldat français en l'arrachant à la douce et bienfaisante influence du prêtre.

Et cependant, il en est ainsi ; nos soldats n'ont plus le prêtre, n'ont plus la messe militaire, et ce sont ces Kroumirs de France dont je parle qui leur ont tout enlevé.

Dites-le moi, ne sont-ils pas redoutables, ceux qui ont accompli cet acte barbare ?

Que n'ont-ils pas fait encore contre la magistrature ? contre ce corps d'élite, aussi respectable par sa probité que par la dignité de ses fonctions, contre cette institution vraiment française, si admirée de toute l'Europe ?

Ils ont voulu, Lozériens, ils ont voulu le supprimer ce corps, en cherchant à rendre ses membres amovibles, car ils savent bien que, du jour où l'amovibilité sera passée en loi, ils auront mis à leur service, au service de leurs passions, de leurs volontés et de leurs haines, la justice et les magistrats.

Mais est-ce tout ?

Hélas, ils ont été bien plus loin, ils se sont montrés redoutables, perfides, barbares, ces misérables, contre la famille.

Ils ont pénétré dans le sanctuaire de la famille, et là, ils ont essayé de briser les liens les plus indissolubles. Ils ont voulu le divorce, c'est-à-dire l'anéantissement de l'amour conjugal, l'anéantissement de la foi donnée, en un mot, l'anéantissement de la famille et de ce qu'elle a de plus sacré.

Ils ont voulu le divorce, c'est-à-dire le concubinage, car le divorce ne peut produire que le concubinage. Voilà ce qu'ils ont voulu, ce qu'ils veulent encore de toutes leurs forces, et s'ils n'ont pas réussi dans leur exécrable projet, rendons hommage aux hommes de cœur qui ont su préserver par leur énergie la société française de cette nouvelle calamité où elle eût été plongée.

Et quelle calamité ! On sait ce que valent les nations où le divorce est autorisé ; on sait le nombre des enfants naturels qui naissent chaque jour dans les grandes villes de l'Allemagne !

Ils ont donc voulu le divorce, ces hommes sans honneur, et ils le voudront, ne vous y trompez pas, jusqu'à ce qu'ils l'auront obtenu, ou que nous aurons été délivrés de leur odieuse tyrannie.

A nous de les arrêter dans leur marche insensée et fatale pour la France.

Jetez maintenant un regard sur le jour néfaste où furent lancés les décrets contre les ordres religieux, et dites-moi s'il en faut davantage pour vous convaincre de la haine de nos Kroumirs gouvernants pour la religion catholique ?

Considérez cette multitude de religieux répandus dans toute la France, semant les bienfaits par toute la France, et chassés impitoyablement avec une barbarie sans égale de la France.

Qu'avaient-ils fait, ces religieux ?

Que faisaient-ils ?

Ce qu'ils avaient fait, nos blessés et nos mourants de 70 pourraient nous le dire ; ils avaient montré que le vrai patriotisme prend sa source dans la religion. Ils avaient montré par l'exemple que, pour être religieux, ils n'en étaient que plus dévoués à faire le sacrifice de leur vie pour la France.

Ce qu'ils faisaient, demandez-le à tous les pères de famille qui ont des enfants à bien élever. Demandez-vous le à vous-mêmes, et dites-moi leur crime.

Et cependant, on les a chassés de France, pourquoi ?... *Parce qu'ils conspiraient. Contre quoi ?... contre la liberté, contre les bonnes mœurs !*

Parce qu'ils conspiraient contre la liberté et les mœurs, ces pères Jésuites de Mende, qui dirigeaient le Séminaire, si aimés de leurs élèves, si estimés de tous ceux qui ont eu le bonheur de les connaître.

Qu'en dites-vous, Péres de famille de la Lozère, vous qui avez des enfants prêtres ? Vos enfants ont été élevés par ces conspirateurs, ils ont été conduits à la consécration sacerdotale par eux, et si leurs maîtres conspiraient contre les mœurs, à leur tour, vos enfants prêtres élevés à leur école doivent aussi conspirer contre les mœurs dans les paroisses où ils ont charge d'âmes !...

Qu'en dites-vous ?...

Parce qu'ils conspiraient, ces bons religieux de tout ordre, ces Jésuites, ces Dominicains, ces Capucins, ces Carmes, ces Oblats de Marie, ces pères de Picpus, tous uniquement occupés de prêcher l'évangile, de maintenir les forts dans la foi, de relever et de soutenir les faibles !

Parce qu'ils conspiraient !!!...

Non, non, ce n'est pas pour cela, quoi qu'en aient dit les persécuteurs de la religion. C'est parce qu'ils faisaient leur devoir, et que le devoir, fidèlement accompli, déplaît aux âmes corrompues et haineuses.

Ils ont dû partir ces religieux dévoués, malgré les cris indignés de 2 millions d'hommes qui ont protesté ; et, pendant qu'ils étaient chassés de leurs couvents et dispersés, pendant qu'ils quittaient la France, les assassins de 1871, les incendiaires, les pétroleurs, rentraient dans Paris, et ils étaient presque portés en triomphe !

Et les fonctionnaires de l'Etat n'ont pu protester contre cette inique violation des droits les plus sacrés sans se voir privés de leurs charges, sans voir arracher le pain journalier à leurs femmes et à leurs enfants !...

Voilà les Kroumirs, voilà leurs actes ! N'ont-ils pas persécuté la religion ? Ne sont-ils pas redoutables ?

Mais est-ce tout ?

Hélas ! il faudrait de gros volumes pour citer, pour commenter ce qu'ils ont fait ou voulu faire, et ce qu'ils feront certainement s'ils ne sont arrêtés dans leur œuvre impie.

Où sont les religieuses de la plupart de nos hôpitaux ? Elles ont disparu, elles n'étaient pas dignes du poste qu'on leur avait confié ; des laïques les ont remplacées !

Et ces laïques sont-elles plus dévouées, ne conspirent-elles pas contre la liberté de conscience ? Qu'on pose ces deux questions à un malade soigné par les saintes filles de la charité et par les laïques, et qu'on écoute la réponse.

Qu'est devenue la loi sur le repos du dimanche ? Ils en ont voté l'abrogation, ces Kroumirs antireligieux.

Qu'est devenue la religion de la caserne ? Elle était inutile ! on l'a détruite. Plus de messes pour nos soldats.

Qu'est devenue la religion dans l'école ? Elle a disparu. L'enfant n'a pas besoin de Dieu.

Voilà ce qui s'est fait.

Et maintenant ? et plus tard ? Maintenant, on va soumettre les abbés au service militaire. Est-ce pour avoir 3 ou 4 mille soldats de plus ? Non, c'est pour éprouver les vocations, les rendre plus solides.

Quelle sollicitude de la part de nos gouvernants !

Quelle tendresse pour l'Eglise !

Un Kroumir ne peut en avoir davantage. Voilà pour le moment.

Plus tard, une fois les abbés soumis au service, le budget des cultes ne tiendra pas longtemps. On l'aura bientôt supprimé ; et après avoir supprimé le budget des cultes, ils voudront, les bons, les aimables Kroumirs, ils voudront empêcher les prêtres de prêcher, de confesser dans leurs églises, et finalement ils voudront fermer l'église et en interdire l'entrée aux fidèles.

Voilà le rapide exposé de ce qu'ils ont fait, de ce qu'ils veulent faire contre la religion.

Ne sont-ils pas redoutables ?

Qu'ont-ils fait contre l'enfant ? Que veulent-ils faire ?

Emparons-nous de l'enfant, se sont-ils dit, façonnons son esprit et son cœur selon les principes de 93, et l'avenir est à nous. Et après s'être donnés le mot d'ordre, ils se sont mis à l'œuvre avec rage.

Ils ont commencé par chasser de nos écoles les bons Frères auxquels nous étions heureux de confier nos enfants ; ils les ont chassés parce qu'ils ont vu en eux des hommes capables de les arrêter dans leurs projets, et le meilleur moyen pour un homme lâche de vaincre un ennemi redoutable, c'est de l'empêcher de combattre.

Ils les ont chassés, ils les chassent tous les jours, pourquoi ?

Parce qu'ils sont des *ignorants, de mauvais éducateurs, des persécuteurs de la liberté de conscience des enfants !*

Parce qu'ils sont des ignorants, alors que, dans les concours, dans les examens et partout, leurs élèves obtiennent les meilleures places.

Les faits sont là pour le prouver.

Pendant 30 années, de 1848 à 1878, sur 1,445 bourses mises au concours, 1,148 ont été obtenues par les élèves des *ignorants,* 297 par les élèves des *hommes du progrès.*

En faut-il davantage ? On pourrait multiplier les citations ; chaque année, on voit les succès obtenus par les élèves des Frères, et tout le monde peut s'en convaincre; mais les Frères gênent, et il n'en faut pas davantage pour faire prononcer l'arrêt de leur expulsion.

Parce qu'ils sont de mauvais éducateurs !

Qu'en dites-vous, Lozériens qui avez été élevés dans des écoles congréganistes ?

Vos maîtres étaient de mauvais éducateurs, des corrupteurs de la jeunesse!!

A moins de n'être pas logique, il faut bien conclure de là que vous êtes tous mal élevés et corrompus.

Qu'en dites-vous ?

N'est-ce pas, qu'en cherchant à dénigrer les Frères, les Kroumirs, les aimables et vertueux Kroumirs de France, vous donnent un bon certificat de morale ?

Parce qu'ils sont de mauvais éducateurs !

Oui, c'est pour ce motif, si, par *être mauvais éducateur,* on entend : bannir de son école les doctrines empestées de quelques-uns de nos gouvernants, des terroristes de 93, de Paul Bert qui, de son propre aveu, ne croit ni à Dieu, ni à l'âme, à peine à lui-même.

Parce qu'ils persécutent la liberté de conscience chez les enfants !

C'est donc persécuter la liberté de conscience, qu'apprendre à ces jeunes et tendres âmes qu'elles ont un créateur, qui est Dieu, qu'elles lui doivent l'amour, le respect, la soumission ?

C'est persécuter leur liberté de conscience, que leur enseigner une morale basée sur la divine philosophie du christianisme ?

C'est persécuter leur liberté, que leur enseigner la foi de leurs pères, leurs devoirs à l'égard de Dieu et de leurs semblables ?

C'est persécuter leur liberté, que leur faciliter les moyens de pratiquer ces devoirs, que leur donner l'exemple de la vertu ?

Et que font les Frères de plus, en matière de religion ?

Tout honnête homme, tout vrai Français, tout bon Lozérien sait à quoi s'en tenir sur ces grands mots de *liberté de conscience violée.*

Et cependant, les persécuteurs continuent toujours à proscrire les Frères.

Ils veulent nous forcer à conduire nos enfants chez des laïques, bien plus occupés de leurs femmes et de leurs enfants que des enfants des autres ; chez des laïques qui ont arraché le crucifix de leurs écoles ; chez des laïques dans les écoles desquels on trouve des enfants qui « *déchiquettent le Galiléen* » avec un canif ! !...

Chez des laïques qui font chanter la Marseillaise à leurs élèves ; chez des laïques qui doivent, d'après *le grand éducateur Ferry,* se souvenir dans leur enseignement qu'ils sont les fils de 89, et faire aimer la République et la Révolution ! !

Voyez plutôt vous-mêmes.

Lisez ces paroles déshonorantes que prononçait le Ministre de l'instruction publique, il y a peu de jours, devant une assemblée d'instituteurs laïques délégués de tous les départements de la France : « Je ne dirai pas, et vous ne me laisseriez pas dire qu'il ne doit pas y avoir, dans l'enseignement primaire, dans votre enseignement, aucun esprit, aucune tendance politique ; à Dieu ne plaise ! pour deux raisons : d'abord, n'êtes-vous pas chargés, d'après les nouveaux programmes, de l'enseignement civique ? c'est une première raison ; il y en a une seconde et plus haute, *c'est que vous êtes tous des fils de 89 !*

« Vous avez été affranchis comme citoyens par la Révolution française, vous allez être émancipés comme instituteurs par la République de 1880 ; *comment n'aimeriez-vous pas et ne feriez-vous pas aimer dans votre enseignement et la Révolution et la République ?* »

Et ces paroles ont été applaudies !...

Où en sommes-nous, pères de famille de la Lozère ? Serons-nous assez faibles, assez ennemis de nos enfants, pour confier ces enfants à des instituteurs qui applaudissent à de pareilles doctrines ?

Voilà ce qui se passe.

Voilà l'opinion de Ferry. N'est-ce pas celle de la franc-maçonnerie ?

Jugez d'après cela des intentions de nos gouvernants, voyez ce qu'ils veulent faire, considérez attentivement l'édifice qu'ils veulent construire, voyez les matériaux amassés à cet effet, et dites-moi : Ne sont-ils pas redoutables, cruels, ces Kroumirs, ces vautours déchaînés sur la France, avides des dépouilles de la France ?

Gardez-vous cependant de protester. Ils vous répondraient qu'ils sont maîtres de vos enfants, maîtres de les faire élever à leur guise, et qu'une éducation contraire aux principes énoncés plus haut, serait un *attentat* à la liberté.

Oui, Lozériens, un attentat à la liberté. Le terme est fort, et cependant il est juste.

Car, ne l'oubliez pas, ils ont *pour mission de sauvegarder la liberté des grands comme des petits,* et, fidèles à leur mission, ils font tout au nom de la *liberté,* et aussi de l'*égalité* et de la *fraternité.*

Ils le disent assez à qui veut l'entendre.

C'est en effet au nom de la *liberté,* de l'*égalité* et de la *fraternité* qu'ils ont poursuivi de leur haine satanique toutes les pures gloires de notre armée.

C'est au nom de la *liberté,* de l'*égalité,* de la *fraternité,* qu'ils ont voulu le divorce, c'est-à-dire le concubinage, la polygamie.

C'est au nom de la *liberté*, de l'*égalité* et surtout, remarquez-le bien, de la FRATERNITÉ qu'ils ont persécuté à outrance et chassé les religieux de notre patrie.

C'est au nom de la même *liberté*, de la même *fraternité*, qu'ils ont mis fin aux protestations d'un grand nombre de pères de famille, indignés de leur conduite barbare à l'égard des religieux, en les plongeant eux et leur famille, pour la plupart, dans la misère.

C'est au nom de la *liberté de conscience des malades*, qu'ils ont remplacé dans nos hôpitaux les saintes filles de la charité par des laïques, et *quelles laïques !...*

C'est au nom de la liberté de conscience, qu'ils exigent des malades désireux d'avoir un prêtre à leur dernière heure, une déclaration, *signée* ou faite par devant témoins, et qu'ils ont, dernièrement, dans un hôpital de Paris, laissé mourir, sans les secours de la religion, un pauvre malheureux qui les demandait depuis plus d'une heure, mais hélas ! sans autre témoin que la sœur chargée de le soigner.

Or une religieuse peut-elle servir de témoin, *elle qui a pour mission de violenter les consciences ?*

C'est au nom de la *liberté de conscience*, qu'ils ont abrogé la loi sur le repos du dimanche.

C'est au nom de la *liberté*, de l'*égalité*, de la *fraternité*, qu'ils veulent soumettre les abbés au service militaire.

C'est au nom, toujours au nom de la *sainte liberté*, de la *parfaite et régénératrice égalité*, de l'*aimable*, oui, de l'*aimable fraternité*, qu'ils interdiront un jour au prêtre de remplir son devoir, soit au chevet du malade (pourquoi violenter les consciences ?), soit dans la chaire de la vérité, soit au tribunal sacré de la réconciliation, et qu'ils en viendront à fermer les églises.

C'est enfin au nom de la liberté, qu'ils chassent les Frères de nos écoles, pour nous imposer des maîtres laïques, et qu'ils veulent l'instruction *laïque, gratuite, obligatoire !*

Eh bien ! N'est-ce pas qu'elle est sublime cette liberté ?

Que de belles, que de grandes choses on peut faire en son nom !

N'est-ce pas qu'elle est aimable cette *égalité*, qu'elle est adorable cette *fraternité* à la façon des *Gambetta*, des *Ferry*, des *Rochefort*, des *Louis Blanc*; des *Naquet*, des *Paul Bert*, etc., et de tous les déportés de 1871 ?

N'est-ce pas qu'ils sont aimables, qu'ils sont bénins ceux qui ont fait ou voulu faire tout ce que vous venez de lire ?

Oui, ils sont aimables..., pour eux, (demandez à Gambetta et à d'autres aussi !)

Pour nous, Lozériens, ils sont redoutables, il est facile de s'en convaincre. Pour nous ils sont des tigres altérés de notre sang, c'est-à-dire du sang de la France, des tigres avec lesquels nous avons à lutter corps à corps.

Serons-nous vaincus ?

Oh ! non, ne craignons pas. Un jour qui n'est pas loin, tout le fait espérer, l'excès du mal surtout, un jour, dis-je, nous triompherons.

Pour être redoutable, un ennemi n'est pas invincible.

Unissons-nous, catholiques Lozériens, catholiques Français, et voyons si, avec notre droit, notre confiance en Dieu, notre dévouement à la cause que nous défendons, nous n'avons pas la sûreté du succès dans la suprême lutte que nous allons engager.


## II


## Sont-ils invincibles ?


Oui, s'ils n'ont pour antagonistes que des gens timides, irrésolus, chancelants dans leurs opinions, prêts à donner la main au premier venu qui les flatte, sait leur promettre monts et merveilles, et puis... ne tient rien.

Oui, ils seront invincibles, tant qu'ils n'auront que des portes à ouvrir, des serrures à crocheter, tant qu'ils n'auront que de pauvres moines à mettre hors d'un couvent.

Oui, ils seront invincibles, tant qu'ils n'auront que 15 moines à assiéger dans un couvent, et que, pour cet effet, plusieurs milliers d'hommes, armés de toute pièce, seront à leur disposition.

Devant des femmes, des enfants, des religieux qui savent prier et ne pas se plaindre, qui aiment mieux souffrir que résister, oui, devant de tels adversaires, ils sont invincibles.

Mais, si les hommes de cœur se lèvent, s'ils viennent au secours de ces religieux persécutés, si, à l'ombre du glorieux drapeau de la religion et de la liberté, ils marchent le front haut, tous ces Kroumirs, tous ces misérables républicains prendront la fuite.

Ils aiment le danger... quand il n'est pas à craindre.

Ils aiment le danger... oui, pour les autres, les lâches !

Ils nous l'ont bien prouvé.

Où étaient-ils, ces courageux révolutionnaires pendant les désastres de 1870 ?

Où étaient-ils, pendant que nos soldats manquant de tout devant un ennemi supérieur en nombre et en forces, gelaient de froid, versaient leur sang pour notre patrie ?

Où étaient-ils ? pendant que la plupart de ces religieux, qu'ils proscrivent aujourd'hui, portaient des secours à nos soldats sur les champs de bataille et dans les hôpitaux ?

Où étaient-ils ? Qu'ils nous répondent.

Qu'ils montrent leur courage.

Où étaient-ils ? que faisaient-ils ?

Ils étaient, les uns, d'abord à Tours, puis à Bordeaux, loin, bien loin des balles ennemies, toujours en sûreté derrière nos troupes, décimées par la faim, le froid, la mitraille.

Ils étaient, les autres, dans les clubs de Paris, où ils prêchaient la révolte et le pillage.

Que faisaient-ils ?

Les uns *fumaient des cigares* exquis et s'engraissaient, par leurs dilapidations, des deniers de là France.

Les autres conspiraient dans la capitale et passaient *agréablement* leur temps à fusiller des femmes, des enfants, des prêtres !

Ah ! ils sont courageux ! ils sont redoutables, oui, parce qu'ils ne trouvent pas de résistance.

Mais ils sont bien loin d'être invincibles.

Levons-nous tous, unissons-nous tous, poussons le cri de guerre sainte, et ils seront bientôt dispersés comme un troupeau de vils animaux.

ÉLECTEURS,

Les élections générales vont avoir lieu. C'est sur ce terrain que nous devons combattre.

Vous connaissez nos ennemis, vous savez ce qu'ils ont fait et ce qu'ils avaient promis, le jour où vous les investîtes de votre autorité.

Ils avaient promis une république d'ordre.

Où est-elle ?

Ils avaient promis une république pacifique.

Où est-elle ? Nous sommes menacés d'une guerre européenne.

Ils avaient promis une république, une ère de prospérité pour la France.

Où est-elle ?

Une dette aussi considérable que celle de toutes les puissances européennes pèse lourdement sur notre malheureuse patrie. Quel est le particulier commerçant qui a vu s'augmenter son capital depuis que l'*ère de prospérité* a commencé ?

Ils avaient promis une république de liberté, d'égalité, de fraternité.

Où est-elle ?

Ne mettrons-nous pas fin à ce triste état de choses ?

Serrons nos rangs ; que la pusillanimité s'éloigne de nos cœurs. N'écoutons pas les promesses que l'on pourra nous faire, elles sont trompeuses et vaines.

Souvenons-nous que nous n'avons à combattre que des persécuteurs de prêtres, d'enfants et de femmes.

Votons tous, arrière les abstentions !

Votons pour les amis, les défenseurs de la religion, qui peuvent seuls faire le bonheur de la France.

Il ne s'agit plus aujourd'hui de partis. Bonapartistes, royalistes, doivent s'unir et travailler pour un même but: la destruction du désordre et de l'anarchie révolutionnaires. Sachons défendre les traditions sacrées de nos pères.

Nous sommes fiers de notre mission, à nous l'avenir de la France.

Ne forlignons pas, et, à l'exemple de nos pères, si nous voulons la victoire, jetons-nous, tête baissée, dans les rangs de nos ennemis, au cri sacré de :

Vive la religion catholique !

Vive la France !

Un Mendois républicain.

Mende, impr. C. Privat.

www.ingramcontent.com/pod-product-compliance
Lightning Source LLC
Chambersburg PA
CBHW051326050726
47595CB00008B/3720